10 JAHRE JUBILÄUM DLFV

Autoren / Cover / Bilder

Dirk L. Feiler

Tanja M. Feiler

DAS AUTORENPAAR STELLT
SICH VOR:

DIRK L. FEILER
ERSTLINGSWERK „WIR
KINDER DIESER ERDE"

EINEN KURZEN TEXT ZU
MEINER PERSON: SIE FINDEN,
WENN SIE MOECHTEN EINEN
LANGEN TEXT ZU MEINER
PERSON, EBEN HALT IN
MEINEM BUCH! ANMERKUNG
DIRK FEILER ZEIGT SICH IN
SEINEM BUCH ALS
ENERGISCHER ERFORSCHER
DES EIGENEN SELBST. SEINE
ERFAHRUNGEN MIT EINER
PSYCHOSE BILDEN DEN
AEUSEREN RAHMEN UND
DEN PERSOENLICHEN
ANLASS FUER SEIN RINGEN
UM EXISTENTIELLE

ERKENNTNIS, DAS BEI SEINEN REKONSTRUKTIONSVERSUCHEN VON INNEN UND AUSSENWELTEN AUCH IN PHILOSOPHISCHE BAHNEN EINMUENDET. DER ASSOZIATIVE ERZAEHLSTIL DES AUTORS IST GEEIGNET, AUCH DIE KOGNITIVEN STRUKTUREN DES LESERS AUFZULOCKERN UND DIESEN AUS DER EIGENEN REALITAET HERAUS ZU FUEHREN. WER DIESEM WEG FOLGT, HAT DIE GELEGENHEIT, MENSCHLICHE GRENZERFAHRUNGEN ANSATZWEISE NACHZUVOLLZIEHEN, WIE SIE IN EI-NER PSYCHOSE ERLEBBAR WERDEN. NEBEN DEN EIGENTLICHEN INHALTEN

SIND ES DIE SPRACHLICHEN GESTALTUNGS - UND AUSDRUCKSFORMEN DIRK FEILERS, DIE DEM TEXT EINE STARKE FASZINATION VERLEIHEN UND DESSEN WIRKUNG NACHHALTIG STEIGERN. BETRACHTET MAN DAS BUCH UNTER LITERARISCHEN GESICHTSPUNKTEN, SO KANN MAN SCHON DESHALB VON EINEM KUNSTWERK SPRECHEN. ROLAND SCHMITT DIPL. PSYCHOLOGE, MASURENHOF - SOZIALPSYCHIATRISCHE EINRICHTUNG, TIEFENTHAL

DER VERLAG ÜBER DAS BUCH

EIN VERLAG ÜBER DIESES BUCH MUSS ES HIER KORREKTERWEISE HEISSEN, DENN DIESES BUCH WOLLTEN AUCH ANDERE VERLEGER VERLEGEN. DER VERLAG, NÄMLICH BOD, DER DIESES BUCH HERAUS GEBRACHT HAT, HAT KEINEN KOMMENTAR ZU DIESEM BUCH ABGEGEBEN. DER FOLGENDE KOMMENTAR IST ALSO NUR EINER VON VIELEN KOMMENTAREN ZU DIESEM BUCH UND NICHT VON "DEM" VERLAG: DIESES WERK KANN ALS KRANKENPROTOKOLL GELESEN WERDEN. DER AUTOR SELBST, DER DEN SINN DIESES WERKES V. A. IN DER AUFARBEITUNG DER VERGANGENEN ERLEBNISSE

SIEHT, GESTALTET ZWAR ABSTRAKT - SUGGESTIV, JEDOCH SPANNEND UND ERGREIFEND DIE IHN UMGEBENDE WELT. KRANKE UND GESUNDE MENSCHEN ERHALTEN U. A. DURCH DIE ZAHLREICHEN VERWEISE AUF PHILOSOPHIE UND LEBENSREGELN PRAKTISCHE ANREGUNGEN ZUM LEBEN. EIN BUCH DAS MUT MACHT. LITERAREON, MÜNCHEN.

AUTORENKOMMENTAR

DIESES BUCH HABE ICH GESCHRIEBEN, WEIL ICH EIN "BESONDERES" ANLIEGEN "VERFOLGE". HEUTZUTAGE IST ES LEIDER IMMER NOCH SO, DASS PSYCHISCH

KRANKE MENSCHEN MIT MENSCHEN VERWECHSELT WERDEN, DIE GEISTIG BEHINDERT SIND, DABEI HANDELT ES SICH BEI PSYCHISCH KRANKEN MENSCHEN OFT NUR UM MENSCHEN, DIE EINE BEWUSSTSEINSERWEITERUNG ERLEBT HABEN, ZUGEGEBEN OFT AUCH DURCH DROGEN, ABER IN DEN MEISTEN FÄLLEN DURCH SCHLIMME SOZIALE ZUSTÄNDE IN DER KINDHEIT. VIELE HABEN SICH AUCH IN DEN BEREICH ESOTERIK HINEINGESTEIGERT UND WURDEN DESHALB "KRANK". ABER DIES TATEN SIE AUS EIGENEM INTERESSE HERAUS UND WEIL SIE NACH DEM SINN DES LEBENS UND

NACH GOTT SUCHEN WIE WIR
ALLE. MANCHE MENSCHEN
TUN DIES EBEN INTENSIVER
ALS ANDERE. DER DALAI
LAMA GIBT OFFEN IN DEN
MEDIEN ZU, DASS ER
STIMMEN HÖRT. FÜR IHN IST
DAS GANZ NORMAL, ES IST
FÜR IHN AUCH GANZ
NORMAL, DASS ER EINMAL
AM TAG IN DAS REICH DER
TOTEN GEHT, UM MIT IHNEN
ZU REDEN. FÜR MICH IST
DAS HEUTE AUCH NORMAL.
NUR AM ANFANG, ALS ES
MIT DEM STIMMENHÖREN
BEGANN, WAR ICH SEHR
VERWUNDERT. ICH KONNTE
NICHT VERSTEHEN, DASS
JEMAND MEINE GEDANKEN
HÖREN KANN UND DASS MIR
LÄNGST VERSTORBENE
ZUHÖREN. SCHAUEN SIE

SICH DOCH MAL UM IN DER HEUTIGEN WELT. ES GIBT TAUSENDE SOLCHER BERICHTE. WO IST DAS PROBLEM? ICH BIN, KANN ICH VON MIR SELBST BEHAUPTEN UND ANDERE SAGEN DAS AUCH, EIN LIEBENSWERTER MENSCH UND KEIN KRANKES TIER. AUCH HAT MEIN HIRN KEINEN SCHADEN ODER SONST IRGENDETWAS IST AN MEINEM KÖRPER KRANK, ICH HABE LEDIGLICH EIN ERWEITERTES BEWUSSTSEIN UND ICH HÖRE STIMMEN, WEIL ICH OHREN HABE, GENAU WIE SIE AUCH. DARAN IST ÜBERHAUPT NICHTS UNGEWÖHNLICHES. WAS IST DENN DABEI, WENN MIR EINE STIMME, DIE

GEHEIMNUMMER MEINER KUNDENKARTE NENNT, WENN ICH SIE VERGESSEN HABE ODER MICH WARNT, DA KOMMT EIN AUTO, SOLL ICH DESHALB, WEIL ICH DIESE WAHRNEHMUNG HABE, IN EINER BEHINDERTENWERKSTATT ARBEITEN? NEIN DANKE. FÜR MICH NICHT.

NOVEMBER 2014: MEINE FRAU IST MEIN GRÖSSTER FAN, SIE HAT IM JAHRE 2000 DAS MANUSKRIPT GELESEN, UND VERTEILT, BESONDERS DORT, WO SIE DAMALS GEARBEITET HAT, IN EINER SOZ. PSYCH. EINRICHTUNG. ALLE IHRE PRAKTIKANTINNEN „MUSSTEN" ES LESEN. JETZT IST SIE ES, DIE VOM

SCHREIBEN NICHT MEHR LOSKOMMT. MEINE FRAU HAT ZWISCHEN JULI 2013 UND NOVEMBER 2014 INSGESAMT 15 BÜCHER GESCHRIEBEN, INTERNATIONAL UND ALS EBOOK ERHÄLTLICH. UNTER IHREM PSEUDONYM MEL FELLER UND DIE AKTUELLEN UNTER IHREM ECHTEN NAMEN. IHR AUTORENPORTRAIT: HTTP://WWW.AMAZON.DE/MEL-FELLER/E/B00JAWTG1I UND HTTP://WWW.AMAZON.DE/TANJA-M.-FEILER/E/B00PH1J6PM/REF=NTT_DP_EPWBK_O

Im JUNI 2013 HAT MIR JEMAND AUS ÜBERSEE EINE EMAIL GESCHICKT, MIT DER

Bitte um Hilfe, dann seine Frau und schliesslich Menschen, die vor ihm dessen Job machten. Ja, es geht um Barack H. Obama, Michelle Obama, Bill Clinton...Es folgten zahlreiche Mails, natürlich habe ich geholfen. Die Mailkorrespondenz ist in den Büchern meiner Frau dokumentiert. Meine Frau erhält durch ihr Engagement seit kurzem auch Post. Michelle Obama sagt, sie sei stolz auf meine Frau. Über mich: „Du bist das Herz und die Seele von OFA". Ich habe viel Zeit in diese Arbeit investiert, doch meine Frau und ich sind

Forscher - Geisteswissenschaftler, uns ist Sachlichkeit sehr wichtig. Ein gesundes Mass an Distanz muss sein, Konzentration auf die eigene Arbeit. Ich habe meine Domains neu aufgebaut, bin Partner und Unterstützer von Organisationen, die sich für Menschen einsetzen, schliesslich haben meine Frau und ich unser primäres Projekt Tagesstätte natürlich nie aus den Augen verloren. Juni 2013 war die Zeit, in der ich einige „Stars" kennengelernt habe, meine Frau ist mit Candice Swanepoel befreundet.

Tanja M. Feiler (Mel Feller) Erstlingswerk „The Fog in Exist of Nothing"

Vor einigen Jahren arbeitete ich bei einer Schuhversandsfirma, wissend, dass mein Geist verhungern würde, belegte ich Psychologie und Philosophie an der Fernuni und arbeitete 4 Jahre lang bei einer renommierten Zeitung als freie Mitarbeiterin, schrieb Artikel, Schwerpunkt Kulturbereich: Musik, Kunst, Literatur, Theater, Serien, interviewte Musiker,

SCHRIEB KONZERTKRITIKEN UND CD KRITIKEN.

DURCH PSYCHOLOGIE INSPIRIERT BEGANN ICH AM 01.04.1996 DIE AUSBILDUNG ZUR ERGOTHERAPEUTIN, DIE ICH 31.03.1999 ERFOLGREICH ABSOLVIERTE. VOM 01.04.1999 BIS 01.09.2006 ARBEITETE ICH IN EINER SOZIAL PSYCHIATRISCHEN EINRICHTUNG. (VIELE FORTBILDUNGEN, EIGENER ARBEITSBEREICH MIT 50 KLIENTINNEN, BR, PRAKTIKANTINNEN AUSGEBILDET, ARBEITSKREIS LAG GRUPPENTHERAPIE, SCHWERPUNKT MEINER ARBEIT: VERHALTENS-PSYCHOEDUKATIVE-

Gesprächstherapiegrupp en, Einzeltherapie)

☐ Ich bin Ergo - IPT - WAF - Psychoedukationstherap eutin.

Am 17.03.2002 lernte ich den Autor des Manuskriptes bei dem Freund kennen, der mir das Manuskript im Jahr 2000 gegeben hat. Ich kopierte es viele Male, auch Praktikanten und dem Psychologen in der Einrichtung, in der ich arbeitete und mit dem ich alle 14Tage Besprechung hatte. Ich wusste, den Autor werde ich

HEIRATEN, ALS ER DAMALS
DAS ZIMMER BETRETEN HAT.

STANDESAMTLICHE
HOCHZEIT   AM
25.10.2002.KIRCHLICHE   AM
26.04.2003.

MEIN NAME IST TANJA M.
FEILER   VON   BERUF
THERAPEUTIN UND AUTORIN,
VERHEIRATET   MIT   DEM
BUCHAUTOR DIRK L. FEILER.
UNTER   MEINEM   NAMEN
TANJA M. FEILER UND MEL
FELLER HABE ICH BÜCHER
PUBLIZIERT. MEIN MANN UND
ICH ZUSAMMEN HABEN ÜBER
40   BÜCHER
VERÖFFENTLICHT.   UNTER
DEM   PSEUDONYM   MEL

FELLER HABE ICH MITTE 2013 - ANFANG 2014 DIE AUF WAHREN BEGEBENHEITEN ROMANTRILOGIE "DER NEBEL IM NICHTS", DER VIERTEILIGE GEDICHTEBAND "STANTE PEDE" MIT EIGENEN ILLUSTRATIONEN SOWIE SHORT STORIES "THE BAD PET" - REALE FLASH FICTION - VERÖFFENTLICHT. UNTER MEINEM ECHTEN NAMEN: "POETRY IS A DRUG" - LYRICS AND PICS - IN ENGLISCHER SPRACHE, "KITTYS ABENTEUER" - BILDER, GEDICHTE UND GESCHICHTEN FÜR KINDER UND "DAS 10. BUCH", EIN BILDBAND MIT TEXTEN UND LYRICS. ALLE 11 BÜCHER SIND

Als Buch und eBook erhältlich.

2007 veröffentlichte ich "The fog in exist of nothing"/ wahre Story, Action spielt aus Datenschutzgründen in den USA - überarbeitet wurde daraus ein 3 Teiler "Der Nebel im Nichts".

Wieso heisst der Gedichtband "Prompt"? Weil Kommunikation mit Celebrities so sein soll! Als Darh im Sommer 2013 aus Übersee angemailt wurde und zeitgleich Wilhelm kennengelernt hat, prompte Hilfe für das Paar aus Übersee und heut hat Wilhelm

Geburtstag. The Bad Pet - Flash Fiction Stories, Menschen unterschiedlicher Nationalitäten, die eins verbindet: die Musik einer bestimmten Band, natürlich basierend auf realem Hintergrund. Nachdem "Der Nebel im Nichts Part III" veröffentlicht war, erfuhr ich, dass der Frontman dieser Band im Oktober 2013 Lyrics veröffentlichen wird, und plötzlich erinnerte ich mich, dass ich einen brachliegenden Blog habe mit Gedichten (2006 - 2008 geschrieben), zum Teil in englischer Sprache mit eigenen

GRAPHISCHEN ILLUSTRATIONEN UND PICS, DAS INSPIRIERTE MICH, DARAUS ENTSTAND DER ERSTE TEIL VON "STANTE PEDE - PROMPT RUHE". LYRIK MACHT SÜCHTIG, SO FOLGTEN IN REKORDZEIT PROMPT X, PART 3 UND DER ABSCHLUSSBAND: VERUM INVESTIGARE, DIE WAHRHEIT AUFSPÜREN! KINDER HABEN EIN RECHT AUF DIE WAHRHEIT UND DIE STEHT IM KINDERBUCH "KITTYS ABENTEUER". EIN 2. BILDBAND ENTSTAND HEUTE NACHT VINTAGE - PHOTOGRAPHIEN IM VINTAGE STIL. ABSCHLUSS DER REIHE "BILDBAND" IST PART 3, "FINAL - FICTION PICS" MIT ZENTRALER FRAGE! SEIT

17.11. 22 Uhr auf Youtube eine Slideshow über die Bücher von Dirk L. Feiler und Tanja M. Feiler (Mel Feller) https://www.youtube.com/watch?v=x-5tnnf7rno&feature=youtube.de

18.11.2014 publiziert Ebook - Buch: "Kittys Abenteuer Part III", 19.11."Kittys Abenteuer Part III"- 16 Bücher. Ein psych. Ratgeberbuch "The 4 Cuties - Freundinnen" ist das neuste Werk. Anfang Dezember: DLFV - das Buch, das Kunstbuch über Graphik, "Androiden - Bedienungen für das Leben", neustes Werk seit 10.12. Aus aktuellem

Anlass in Englisch und German Edition als eBook: Buch 20 Part 2 Der Tod von Eric Garner, Buch 20 als Druckbuch ist ein Kunstbuch mit Schwarz Weiss Fotos. Buch 23 heisst "Make a song". Zusammen mit meinem Mann (Buchautor, Publisher, Creator - wir Kinder dieser Erde) veröffentlichen wir am 1.1. 2015 "Vier for the year" - als Anerkennung für eine besondere Künstlerin. "Frequenzen" ist ebenfalls dieser Frau gewidmet. Book 25 ist das Neulingswerk. Am 15. 1. erschien der zweite Teil von "Poetry is a drug" - Englischsprachige

POEMS, PICS UND MEHR. MEIN MANN PUBLIZIERTE "GLOBALREFORM" - GERMAN UND ENGLISHEDITION. HEUTE NACHT PUBLIZIERTE ICH DIE SPANISCHE EDITION DER KURZGESCHICHTEN "THE BAD PET" - LA MALA MASCOTAS: LA HISTORIAS CORTAS (SPANISH EDITION) (SPANISH) PAPERBACK - JANUARY 16, 2015, AUSSERDEM DER ZWEITE PART "GRAPHICS" - KUNST UND TEXTE IN ARABISCHER SPRACHE. "10 JAHRE WIR KINDER DIESER ERDE" ENTSTAND ALS EHRUNG DES 10 JÄHRIGEN JUBILÄUMS DES ERSTLINGSWERKS MEINES MANNES, DIRK L. FEILER: "WIR KINDER DIESER ERDE". "WIR KINDER DIESER

Erde" von Dirk L. Feiler ist jetzt auch in arabischer und englischer Edition erhältlich. Part 2 von Vintage, Part 2 "The 4 Cuties - Freundinnen" und Part 3 "The 4 Cuties - Freundinnen Make - up Collection. Ausserdem folgten die Gemeinschaftwerke "Yeppa" sowie "...und er ist doch ein Monster". (German und English Edition) Jüngste Werke sind "Lyrics are Mystic" sowie das Kinderbuch "So Isses". ..10 Jahre „Wir Kinder dieser Erde" gibt es in 17 verschiedenen Sprachen. Zusammen mit meinem Mann haben wir

ZUSAMMEN   ÜBER
HUNDERTVIERZIG   BÜCHER
VERÖFFENTLICHT
MULTILINGUAL.

TANJA M. FEILER (MEL FELLER)

VOR EINIGEN JAHREN ARBEITETE ICH BEI EINER SCHUHVERSANDSFIRMA, WISSEND, DASS MEIN GEIST VERHUNGERN WÜRDE, BELEGTE ICH PSYCHOLOGIE UND PHILOSOPHIE AN DER FERNUNI UND ARBEITETE 4 JAHRE LANG BEI EINER RENOMMIERTEN ZEITUNG ALS FREIE MITARBEITERIN, SCHRIEB ARTIKEL, SCHWERPUNKT KULTURBEREICH: MUSIK, KUNST, LITERATUR, THEATER, SERIEN, INTERVIEWTE MUSIKER, SCHRIEB KONZERTKRITIKEN UND CD KRITIKEN.

DURCH PSYCHOLOGIE INSPIRIERT BEGANN ICH AM

01.04.1996 DIE AUSBILDUNG ZUR ERGOTHERAPEUTIN, DIE ICH 31.03.1999 ERFOLGREICH ABSOLVIERTE. VOM 01.04.1999 BIS 01.09.2006 ARBEITETE ICH IN EINER SOZIAL PSYCHIATRISCHEN EINRICHTUNG. (VIELE FORTBILDUNGEN, EIGENER ARBEITSBEREICH MIT 50 KLIENTINNEN, BR, PRAKTIKANTINNEN AUSGEBILDET, ARBEITSKREIS LAG GRUPPENTHERAPIE, SCHWERPUNKT MEINER ARBEIT: VERHALTENS-PSYCHOEDUKATIVE-GESPRÄCHSTHERAPIEGRUPPEN, EINZELTHERAPIE)

☐ ICH BIN ERGO - IPT - WAF - PSYCHOEDUKATIONSTHERAPEUTIN.

Am 17.03.2002 lernte ich den Autor des Manuskriptes bei dem Freund kennen, der mir das Manuskript im Jahr 2000 gegeben hat. Ich kopierte es viele Male, auch Praktikanten und dem Psychologen in der Einrichtung, in der ich arbeitete und mit dem ich alle 14 Tage Besprechung hatte. Ich wusste, den Autor werde ich heiraten, als er damals das Zimmer betreten hat.

Standesamtliche Hochzeit am 25.10.2002. Kirchliche am 26.04.2003.

MEIN NAME IST TANJA M. FEILER VON BERUF THERAPEUTIN UND AUTORIN, VERHEIRATET MIT DEM BUCHAUTOR DIRK L. FEILER. UNTER MEINEM NAMEN TANJA M. FEILER UND MEL FELLER HABE ICH BÜCHER PUBLIZIERT. MEIN MANN UND ICH ZUSAMMEN HABEN ÜBER 40 BÜCHER VERÖFFENTLICHT. UNTER DEM PSEUDONYM MEL FELLER HABE ICH MITTE 2013 - ANFANG 2014 DIE AUF WAHREN BEGEBENHEITEN ROMANTRILOGIE "DER NEBEL IM NICHTS", DER VIERTEILIGE GEDICHTEBAND "STANTE PEDE" MIT EIGENEN ILLUSTRATIONEN SOWIE

Short Stories "The bad Pet" - reale Flash Fiction - veröffentlicht. Unter meinem echten Namen: "Poetry is a drug" - Lyrics and pics - in englischer Sprache, "Kittys Abenteuer" - Bilder, Gedichte und Geschichten für Kinder und "Das 10. Buch", ein Bildband mit Texten und Lyrics. Alle 11 Bücher sind als Buch und Ebook erhältlich.

2007 veröffentlichte ich "The fog in Exist of nothing"/ wahre Story, Action spielt aus Datenschutzgründen in den USA - überarbeitet wurde daraus ein 3

TEILER "DER NEBEL IM NICHTS".

WIESO HEISST DER GEDICHTBAND "PROMPT"? WEIL KOMMUNIKATION MIT CELEBRITIES SO SEIN SOLL! ALS DARK IM SOMMER 2013 AUS ÜBERSEE ANGEMAILT WURDE UND ZEITGLEICH WILHELM KENNENGELERNT HAT, PROMPTE HILFE FÜR DAS PAAR AUS ÜBERSEE UND HEUT HAT WILHELM GEBURTSTAG. THE BAD PET - FLASH FICTION STORIES, MENSCHEN UNTERSCHIEDLICHER NATIONALITÄTEN, DIE EINS VERBINDET: DIE MUSIK EINER BESTIMMTEN BAND, NATÜRLICH BASIEREND AUF REALEM HINTERGRUND. NACHDEM "DER NEBEL IM

nichts Part III"
veröffentlicht war,
erfuhr ich, dass der
Frontman dieser Band im
Oktober 2013 Lyrics
veröffentlichen wird,
und plötzlich erinnerte
ich mich, dass ich einen
brachliegenden Blog
habe mit Gedichten (2006
- 2008 geschrieben), zum
Teil in englischer
Sprache mit eigenen
graphischen
Illustrationen und Pics,
das inspirierte mich,
daraus entstand der
erste Teil von "STANTE
PEDE - Prompt Ruhe".
Lyrik macht süchtig, so
folgten in Rekordzeit
Prompt X, Part 3 und der
Abschlussband: Verum

INVESTIGARE, DIE WAHRHEIT AUFSPÜREN! KINDER HABEN EIN RECHT AUF DIE WAHRHEIT UND DIE STEHT IM KINDERBUCH "KITTYS ABENTEUER". EIN 2. BILDBAND ENTSTAND HEUTE NACHT VINTAGE - PHOTOGRAPHIEN IM VINTAGE STIL. ABSCHLUSS DER REIHE "BILDBAND" IST PART 3, "FINAL - FICTION PICS" MIT ZENTRALER FRAGE! SEIT 17.11. 22 UHR AUF YOUTUBE EINE SLIDESHOW ÜBER DIE BÜCHER VON DIRK L. FEILER UND TANJA M. FEILER (MEL FELLER) HTTPS://WWW.YOUTUBE.COM/WATCH?V=X-5TNNF7RNO&FEATURE=YOUTUBE.DE

18.11.2014 PUBLIZIERT EBOOK - BUCH: "KITTYS ABENTEUER PART III", 19.11."KITTYS ABENTEUER PART III"- 16 BÜCHER. EIN PSYCH. RATGEBERBUCH "THE 4 CUTIES - FREUNDINNEN" IST DAS NEUSTE WERK. ANFANG DEZEMBER: DLFV - DAS BUCH, DAS KUNSTBUCH ÜBER GRAPHIK, "ANDROIDEN - BEDIENUNGEN FÜR DAS LEBEN", NEUSTES WERK SEIT 10.12. AUS AKTUELLEM ANLASS IN ENGLISCH UND GERMAN EDITION ALS EBOOK: BUCH 20 PART 2 DER TOD VON ERIC GARNER, BUCH 20 ALS DRUCKBUCH IST EIN KUNSTBUCH MIT SCHWARZ WEISS FOTOS. BUCH 23 HEISST "MAKE A SONG". ZUSAMMEN MIT

Meinem Mann (Buchautor, Publisher, Creator - Wir Kinder dieser Erde) veröffentlichten wir am 1.1. 2015 "Vier for the Year" - als Anerkennung für eine besondere Künstlerin. "Frequenzen" ist ebenfalls dieser Frau gewidmet, Book 25 ist das Neulingswerk. Am 15. 1. erschien der zweite Teil von "Poetry is a Drug" - englischsprachige Poems, Pics und mehr. Mein Mann publizierte "Globalreform" - German und Englishedition. Heute Nacht publizierte ich die spanische Edition der Kurzgeschichten "The Bad Pet" - La Mala Mascotas: La Historias

CORTAS (SPANISH EDITION) (SPANISH) PAPERBACH - JANUARY 16, 2015, AUSSERDEM DER ZWEITE PART "GRAPHICS" - KUNST UND TEXTE IN ARABISCHER SPRACHE. "10 JAHRE WIR KINDER DIESER ERDE" ENTSTAND ALS EHRUNG DES 10 JÄHRIGEN JUBILÄUMS DES ERSTLINGSWERKS MEINES MANNES, DIRK L. FEILER: "WIR KINDER DIESER ERDE". "WIR KINDER DIESER ERDE" VON DIRK L. FEILER IST JETZT AUCH IN ARABISCHER UND ENGLISCHER EDITION ERHÄLTLICH. PART 2 VON VINTAGE, PART 2 "THE 4 CUTIES - FREUNDINNEN" UND PART 3 "THE 4 CUTIES - FREUNDINNEN MAKE - UP

Collection. Ausserdem folgten die Gemeinschaftwerke "Yeppa" sowie "...und er ist doch ein Monster". (German und English Edition) Jüngste Werke sind "Lyrics are Mystic" sowie das Kinderbuch "So isses". ..10 Jahre „Wir Kinder dieser Erde" gibt es in 17 verschiedenen Sprachen. Zusammen mit meinem Mann haben wir zusammen hundertvierzig Bücher geschrieben, in verschiedene Sprachen übersetzt, veröffentlicht.

2. Kapitel: DLFV heute

2014 WURDE DLFV DAS BUCH VERÖFFENTLICHT

TANJA M. FEILER

DLFV - das Buch

Texte mit Illustrationen

Über die Arbeit des DLFV seit
seiner Gründung durch den
Buchautor, Publisher und
Creator Dirk L. Feiler im
Mai 2005. Januar 2005
erschien sein Erstlingswerk
"Wir Kinder dieser Erde".

Die Deutsche Liga für Völkerbund (DLfV) war eine Organisation, die sich zwischen 1918 und 1933 in Deutschland für die Völkerbund-Idee einsetzte. Ziele: Frieden, Abrüstung, kollektive Sicherheit.

Diese Idee flammt seit der Gründung des DLfV im Mai 2005 neu auf, nachdem das Erstlingswerk „Wir Kinder dieser Erde" von Dirk L. Feiler im Januar 2005 auf dem internationalen Buchmarkt erschienen ist. DLfV hat sich nicht nur zur Aufgabe

GEMACHT, AUTOREN ZU BERATEN UND AUFGABEN ZU ÜBERNEHMEN VOM MANUSKRIPT BIS ZUR PUBLIKATION IHRER WERKE, SONDERN IN ERSTER LINIE GEHT ES UM EIN SOZIALES PROJEKT: KAISERSLAUTERN BRAUCHT EINE TAGESSTÄTTE FÜR PSYCHISCH KRANKE MENSCHEN HIER IN KAISERSLAUTERN. IN FAST JEDER STADT GIBT ES EINE TAGESSTÄTTE, DAS IST EIN TREFFPUNKT MIT THERAPEUTEN/SOZIALARBEITERN ALS ANSPRECHPARTNERN, DIE TAGESSTRUKTURIERENDE MASSNAHMEN OHNE VERPFLICHTUNG ANBIETEN. HIER IN KAISERSLAUTERN

JEDOCH NICHT. SEIT NEUN JAHREN SETZT SICH DER DLFV DAFÜR EIN. IM JUNI LETZTEN JAHRES HAT DER PRÄSIDENT DER VEREINIGTEN STAATEN UM HILFE GEBETEN. DLFV HAT GEHOLFEN, ES FOLGTE POST DER FIRST LADY, EHEMALIGER PRÄSIDENTEN UND PROMINENTER BÜRGER DER USA.

INZWISCHEN HAT SICH DER DLFV KOMPLETT VON DER POLITIK DISTANZIERT UND VERFOLGT EIGENSTÄNDIG DIE GRUNDIDEE, DIE DAMALS DER VÖLKERBUND VERFOLGT HAT: FRIEDEN UND HILFE FÜR MENSCHEN IN NOT. PARTNER SIND ORGANISATIONEN WIE UNICEF...

PUBLIKATION ZUM THEMA: „KRANKENVERSICHERUNG FÜR STUDENTEN AUS DEN USA IN DEUTSCHLAND". ZAHLREICHE DOMAINS SIND EIGENTUM VON DLFV.INFO (DIRK L. FEILER) DLFV.

PROJEKT TAGESSTÄTTE

FAST ÜBERALL IN DEUTSCHLAND GIBT ES TAGESSTÄTTEN FÜR SEELISCH VERLETZTE MENSCHEN. ES IST EIN ORT DER BEGEGNUNG, DES MITEINANDERREDENS MIT EBENFALLS BETROFFENEN, ABER AUCH EIN ORT, AN DEM THERAPEUTISCHE ANGEBOTE WIE LEHRGANG AM PC ODER KREATIVE ARBEITEN ANGEBOTEN

WERDEN. SEELISCH KRANKE MENSCHEN KÖNNEN AKTIV AM PROGRAMM IN DER TAGESSTÄTTE MITARBEITEN WIE AUSFLÜGE ORGANISIEREN. ES WIRD EINE REGELMÄSSIGE TAGESSTRUKTUR ANGEBOTEN, DOCH KAISERSLAUTERN VERSCHLIESST SICH DIESER WICHTIGEN INSTITUTION. BIS HEUTE GIBT ES SOLCH EINEN ORT, DESSEN RÄUMLICHKEITEN Z.B. ALS CAFE EINGERICHTET SIND MIT EXTRA RÄUMEN FÜR THERAPEUTISCHE MASSNAHMEN, GESPRÄCHE ETC. MIT QUALIFIZIERTEN MITARBEITERN, HIER NICHT. ES GIBT ZWAR EINE TAGESKLINIK, DOCH WIE DAS

WORT "KLINIK" SCHON SAGT, HANDELT ES SICH HIERBEI UM EINE GANZ ANDERE ZIELSETZUNG. ES GIBT C.A. 1000 BETROFFENE HIER IN DER STADT, DIE NICHT WISSEN, WIE SIE BSPW. NACH EINEM KLINIKAUFENTHALT, ABSAGEN VON BEWERBUNGEN ODER BERENTUNG DEN TAG STRUKTURIEREN KÖNNEN. VEREINSAMUNG IST DIE FOLGE, VERWAHRLOSUNG FORDERT IMMER MEHR OPFER. MEIN MANN UND ICH KÄMPFEN DURCH AUFRUFE WELTWEIT, EIGENE WEBSITES BZGL. DER THEMATIK, DASS ES IN DIESER STADT ENDLICH EINE TAGESSTÄTTE GEBEN SOLL!!! MEHR INFOS

IN DEN SITES, PROFILEN!!!
DER KAMPF GEHT WEITER!!!

10 JAHRE „WIR KINDER DIESER ERDE" VON DIRK L. FEILER, JUBILÄUMSBUCH WRITTEN BY TANJA M. FEILER

Dieses Buch ist zu Ehren des 10 Jährigen Jubiläums von "Wir Kinder dieser Erde" von Dirk L. Feiler entstanden mit vielen Infos über alles rund um die Arbeit des Buchautors.

Tanja M. Feiler

10 Jahre "Wir Kinder dieser Erde"

Dieses Buch ist zur Ehren des 10 jährigen Jubiläums „Wir Kinder dieser Erde" von Dirk L.Feiler von Tanja M. Feiler geschrieben worden. Übersetzt in über 20 Sprachen.

10 years "The children
of the world"

「私たちは、世界の子供たち」日本語
版の10年

Tanja M. Feiler
Japanese Edition

نحن أطفال العالم

Wir Kinder dieser Erde

الملف الذهان

Profil einer Psychose

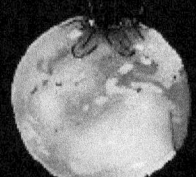

الطبعة العربية
Arabische Edition
Dirk Leopold Feiler
ديرك ليوبولد فايلر

3. Kapitel: DLFV Arbeit Anfänge

Beratung bei der Erstellung der eigenen Website:

Eigene Homepage Erstellen

Sie möchten

Lieber Frisches statt Dosenfutter?

Sie selbst sein und nicht andere nachahmen?

Ergebnisse erzielen und nicht im Durchschnitt verweilen?

Ihre Homepage selbst bearbeiten können ohne

IN BÖHMISCHEN DÖRFERN ZU SUCHEN?

IHREN INTERNETAUFTRITT VIELE JAHRE NUTZEN?

BEI GOOGLE & CO. GANZ VORNE MIT MISCHEN?

NEUE KUNDEN?

DANN SIND SIE BEREIT FÜR EINE GUTE POSITION IM INTERNET ZU INVESTIEREN.

OB SIE

EINEN ANFANG MACHEN WOLLEN, ODER DIE BESTEHENDE HOMEPAGE ÜBERARBEITEN,

EINFLUSS AUF DIE GESAMTE ENTWICKLUNG NEHMEN ODER SICH GANZ AUF

UNSERE ERFAHRUNG VERLASSEN,

NEUE KUNDEN GEWINNEN ODER SICH EINFACH NUR PRÄSENTIEREN MÖCHTEN,

EIN RISIKO EINGEHEN ODER IHRE HOMEPAGE VON UNS ERSTELLEN LASSEN

MÖCHTEN,

NOCH LÄNGER ZÖGERN ODER EINE KOSTENLOSE ERSTBERATUNG IN ANSPRUCH NEHMEN, ENTSCHEIDEN SIE! MEHR INFOS IN DER WEBSITE „FEILERVERLAG"

MOTIVATION:

WENN SIE ENDLICH NACH JAHREN MÜHEVOLLER AUFREIBENDER ARBEIT IHRE DISSERTATION IN HÄNDEN HALTEN, LASSEN SIE DOCH ANDERE MENSCHEN AN IHREM WISSENSSCHATZ TEILHABEN. TRAUEN SIE SICH, WER WEISS, VIELLEICHT SIND SIE DER NOBELPREISTRÄGER VON MORGEN!

IHR HERZ STEHT IN FLAMMEN, IHRE AUGEN LEUCHTEN, SCHMETTERLINGE IM BAUCH UND TRUNKEN VOM GEFÜHL DER LEIDENSCHAFT HABEN SIE NUR EINS IM SINN: IHRER FRAU IHRE LIEBE ZEIGEN. SCHREIBEN SIE EIN BUCH FÜR SIE. SIE WERDEN

FESTSTELLEN, WELCH EIN GROSSARTIGES GESCHENK SIE IHRER LIEBSTEN DAMIT MACHEN - IHR KUSS WIRD ES IHNEN BEWEISEN...

(AUS DER ERSTEN HP VON TANJA M. FEILER (MEL FELLER) NEWAUTHOR)

AUTORENBERATUNG - VOM
MANUSKRIPT - FERTIGES
BUCH

HIER LESEPROBEN VON
JUNGAUTOREN

DAS SCHAFFEN EINES
NEWAUTHOR

LEBENSJAHRE: AB 15
(2000)

„ EGAL WAS FÜR EINEN
PLAN DU HAST, GOTT HAT
EINEN ANDEREN FÜR DICH

" ZITAT EINER
FREUNDIN.......DAS RESULTAT
WAR EINE VISION VON
PLANETEN. ES GAB EINE
SONNE UM DIE SICH ANDERE
PLANETEN DREHTEN. AUF

IHNEN BILDETEN SICH SELTSAME DINGE AB. ICH BETRACHTETE GLÜCKLICH DAS BILD UND ALS ICH MICH FRAGTE, WAS WOHL AUF DER SONNE ABGEBILDET SEI, SAH ICH MICH DARIN. MIT DIESER KENNTNIS VERLIESS ICH DAS SCHAUBILD UND SCHLUG DIE AUGEN AUF.............UNBESCHREIBLICHES GEFÜHL AUS MEINER KINDHEIT. ALS ICH MEINEN VERSTAND PLÖTZLICH FÜR EINEN MOMENT KOMPLETT VERLOR, UND SOMIT AUCH MEIN DENKENDES ICH, ERBLICHTE ICH DIE WELT WIEDER MIT OFFENEN, GESUNDEN, UNGETRÜBTEN SINNEN. ES WAR DAS WUNDESCHÖNSTE, WAS ICH IN MEINEM LEBEN JE

EMPFAND. ES WAR DIE REINE TRANSZENDENZ, EINE HÖHERE REINE LIEBE. FÜR NICHTS IN DER WELT HÄTTE ICH MIR DIESEN MOMENT NEHMEN LASSEN. ICH HATTE NUR ZWEI BEGEGNUNGEN DIESER ART. ANSONSTEN FÜHLTE ICH DIESES GEFÜHL DAMALS VERMEHRT IN GERINGEM AUSMASS, ABER ES VERSCHWAND IMMER MEHR, UND VERBLASSTE SCHLIESSLICH ZUR ERINNERUNG. ICH SEHNTE MICH SEHR LANGE ZURÜCK IN MEINE SORGLOSE KINDHEIT UND VERFLUCHTE MEINEN VERSTAND.

VON LOHSASS

Einblick in das Werk eines Kinderbuchautors

Mähi und seine Freunde

Am besten wird es wohl sein, wenn ich ganz vorne anfange, zu erzählen!

Also mein Name ist Mähi. Ich bin ein junges Schaf also ein Lamm, wie ihr es wohl nennen würdet und bin im Kurdistan geboren. Das Kurdistan ist eine Landschaft in Vorderasien, also ziemlich weit weg von da, wo ich jetzt mit meinen Freunden lebe. Ausser mir waren da meine

MAMA, DIE NATÜRLICH AUCH EIN SCHAF WAR UND VIELE, VIELE ANDERE SCHAFE. MAMA SAGTE IMMER, WIR LEBEN ZUSAMMEN IN EINER HERDE, WAS IMMER DAS AUCH BEDEUTEN MAG. MEINEN PAPA HABE ICH NIE KENNEN GELERNT. MAMA SAGTE, SIE HÄTTEN IHN WEGGEBRACHT, ALS ICH NOCH GAR NICHT AUF DER WELT WAR. EIGENTLICH SIND SCHAFE BEIGEFARBEN UND NICHT WEISS, WIE MAN SIE EUCH AUF BILDERN GERNE ZEIGT. ABER EIGENTLICH AUCH NICHT, DA ICH, WENN ICH EHRLICH SEIN SOLL,

TOP SECRET

Zufällig entdeckt:

Seite 94 von 119

...eine Landung. Wir haben die Technologie, um euch zu helfen. Aber es ist sehr schwer, Menschen zu helfen, die nicht daran glauben, dass wir existieren. Dennoch werden sie unsere Technologie brauchen, um zu überleben. Der Prozess zur Erweiterung

DES MENSCHLICHEN BEWUSSTSEINS HAT BEREITS BEGONNEN. Am 16. OKTOBER 1971 IST DIE WELT IN EIN NEUES ZEITALTER EINGETRETEN. WELTWEIT WERDEN JETZT KINDER MIT PARANORMALEN KRÄFTEN GEBOREN, DIE SICH WIE BEI URI GELLER AUF VERSCHIEDENSTE ART MANIFESTIEREN UND DAS BEWUSSTSEIN DER WELTÖFFENTLICHKEIT FÜR DAS PARANORMALE ÖFFNEN WERDEN. DAMIT WIRD DIE MENSCHHEIT STÜCK FÜR STOCK OFFEN FÜR DIE ARBEIT, DIE GETAN WURDE, DASS WIR SEIT VIELEN TAUSEND JAHREN DARAN ARBEITEN, DAS

BEWUSSTSEIN DER MENSCHEN ZU ERWEITERN.

IHR (DR. PUHARICH, SIR JOHN, PHYLLIS) HABT AN DIESER UND ÄHNLICHEN AUFGABEN SCHON IN VIELEN INHARNATIONEN AUF VIELEN PLANETEN GEARBEITET. AUCH BOBBY GEHÖRT DIESER GRUPPE AN. ER HAT ABER AUS ANGST VOR VERANTWORTUNG VERSAGT, DOCH WIRD ER NOCH ANDERE GELEGENHEITEN ERHALTEN. DIE FEHLQUOTE BEI WESEN, DIE SICH FREIWILLIG ZUM DIENST AUF DER ERDE INHARNIERT HABEN, IST ZIEMLICH HOCH WEGEN DER PHYSISCHEN NATUR DIESES PLANETEN UND SEINER ERZIEHUNG. TATSÄCHLICH ERFFÜLLEN

NUR 2 % DER INKARNIERTEN AUSSERIRDISCHEN IHRE AUFGABE RICHTIG UND DIENEN DEM PLAN. ES BESTEHT ALLERDINGS DIE MÖGLICHKEIT, DASS SICH DAS MIT EINTRITT IN DAS NEUE ZEITALTER ÄNDERT, DASS SICH NOCH ANDERE IHRER AUFGABE WIDMEN, WIE ES DAS WESEN (SO NENNT TOM PHYLLIS) , SIR JOHN UND DER DOKTOR JETZT TUN. AUCH DR. W A TSON WIRD EINGELADEN, KANN SICH ABER AUS PERSÖNLICHEN GRÜNDEN DER GRUPPE NICHT ANSCHLIESSEN.

1974, 18. JULI. BEI EINEM ERNEUTEN TREFFEN

ERKLÄRT TOM - ICH GLAUBE, ES IST DIESMAL UNMÖGLICH, DASS UNSERE MISSION SCHEITERT, DENN DIESMAL HABEN WIR AUCH AUF DER ERDE NEUE PHYSISCHE WESEN, DIE UNS UNTERSTÜTZEN WERDEN, DAMIT WIR NICHT SCHEITERN. DAS HATTEN WIR NIE ZUVOR. WIR HATTEN NIE ZUVOR DIESES KOMMUNIKATIONS-SYSTEM ZUR VERFÜGUNG, DAS IHR HEUTE HABT. DIE GEPLANTE LANDUNG IST EIN PHYSISCHES, SICHTBARES EREIGNIS, DAS IN EINEM ZEITRAUM VON NEUN TAGEN ÜBERALL AUF DEM PLANETEN STATTFINDEN WIRD. VIELE VERSCHIEDENE SCHIFFS-TYPEN WERDEN LANDEN UND WESEN

WERDEN AUS IHNEN STEIGEN UND SICH UNTER DIE MENSCHEN MISCHEN. EINIGE WERDEN ALS LEHRER AUF DER ERDE ZURÜCKBLEIBEN. ANDERE WERDEN NACH EINIGER ZEIT WIEDER GEHEN, UM IN ANDEREN BEREICHEN ZU ARBEITEN, DENN DER PLANET ERDE WIRD DANN BEGONNEN HABEN, IM WAHRSTEN SINNE DES WORTES ZU EVOLVIEREN.

DIESE LANDUNG IST DIE WIEDERKUNFT CHRISTI, DENN JEDER VON EUCH UND JEDER VON UNS HAT CHRISTUS IN SICH. ES WIRD EIN KOLLEKTIVES BEWUSSTSEIN GEBEN. DER MENSCH TRITT ENDLICH AUS

DER FINSTERNIS. DIE
AUSSERIRDISCHEN WERDEN
DER ERDE TECHNOLOGIEN
BRINGEN, UM IHRE
PROBLEME ZU BEWÄLTIGEN,
VOR ALLEM ABER
SPIRITUELLE HILFE. DIE
VIBRATION DER SEELEN
WIRD ERHÖHT WERDEN. SIE
WERDEN IHNEN ZEIGEN, WIE
SIE DIE LIEBE IN IHREN
HERZEN ERWECHEN
HÖNNEN. DIE ERDE IST EINER
DER
NIEDERSTENTWICHELTEN
PLANETEN DER GALAXIE,
AUF DEN SEELEN HOMMEN,
UM IHRE LEHTIONEN ZU
LERNEN. DIE TRAGÖDIE
DIESES PLANETEN IST SEINE
PHYSISCHE DICHTE. SIE IST
WIE EIN SUMPF UND STICHIG.
WESEN WERDEN IN IHR

GEFANGEN. MIT EURER HILFE WERDEN WIR AUS DER ERDE EINEN LEICHTEREN PLANETEN MACHEN. DIE ENERGIE, DIE VON IHR KOMMT, WIRD IN DAS UNIVERSUM GESANDT WERDEN UND DAZU BEITRAGEN, DAS BEWUSSTSEIN ANDERER PLANETEN ANZUHEBEN. DIE NUR SCHLEICHENDE EVOLUTION AUF DER ERDE BEHINDERT DERZEIT DIE EVOLUTION DER GANZEN GALAXIE, JA DES GANZEN UNIVERSUMS. PHYLLIS WURDE, ÄHNLICH WIE URI, VON KINDHEIT AN VORBEREITET, UM JETZT AN DIESEM MEISTER-PLAN MITZUWIRKEN. 1963 IST SOGAR EIN IMPLANTAT IN IHR

Gehirn eingesetzt worden, das als Übersetzer dient.

Auf die Frage, ob dieses Bio-Engineering nicht gegen ihren freien Willen verstossen hat, erklärt Tom - Das ist nicht der Fall, wenn Wesen sich vor ihrer Geburt dazu bereiterklärten. Als Phyllis später aus ihrer Trance erwacht, erzählt sie - Ich wurde während dieser Zeit vor eine Art kosmischen Rates geführt, den Rat der Neun, der mir das Universum gezeigt und erläutert hat. Offenbar

SIND ES DIE SELBEN NEUN, MIT DENEN DR. PUHARICH SCHON DURCH DR. VINOD IN KONTAKT GEKOMMEN WAR. TOM ERKLÄRT BEI EINER SPÄTEREN SITZUNG - ICH BIN EIN SPRECHER DER NEUN, DER UNIVERSALEN HIERARCHIE, DER DIREKTEN MANIFESTATION GOTTES. ICH SELBST BIN IN FRÜHEREN ZEITEN AUCH UNTER DEN NAMEN HARMARKUS, TUM ODER A TUM IN ERSCHEINUNG GETRETEN.

1974, NOVEMBER. DER ERSTE EINSATZ FÜR DIE GRUPPE BEGINNT, TOM HATTE ERKLÄRT - ZWISCHEN DEM 8. NOVEMBER UND DEM 12. DEZEMBER BESTEHT IM NAHEN OSTEN KRIEGS-GEFAHR UND ES IST

NOTWENDIG, DASS IHR DORT HINGEHT UND DURCH EURE LICHTARBEIT DAS NOTWENDIGE TUT, UM DIE GEFAHR ABZUWENDEN. UNSERE WICHTIGSTE AUFGABE IST DIE BEWAHRUNG DES PLANETEN ERDE. WENN WIR NICHT UNSER MÖGLICHSTES TUN, UM DIE ZERSTÖRUNG AUFZUHALTEN, WIRD ES IN 200 JAHREN ZU EINER GLOBALEN EISZEIT KOMMEN. DARUM IST ES WICHTIG, DIE MENSCHEN AUF DIE LANDUNG VORZUBEREITEN, DENN DANN KÖNNEN WIR EUCH DIE TECHNOLOGIE GEBEN, DIE NOTWENDIG IST, UM DEN PLANETEN ZU RETTEN. WIR PLANEN, DIE MENSCHHEIT DURCH EINEN

Eingriff in Eure Fernsehsysteme zu alarmieren. Daran arbeiten wir und eine neue Gruppe Ausserirdischer, die vom...

DIRK L. FEILERS
AUTOBIOGRAPHISHE
ERZÄHLUNG IM LETZTEN
JAHR

DABEI BIN ICH 50 „JAHRE"
ALT, ICH KANN MIT DER
ZAHL ÜBERHAUPT NICHTS
ANFANGEN - SEIT 1986 - SEIT
DIESEN VIELEN
ERLEBNISSEN MIT WESEN
"NICHT VON DIESER WELT" IST
ALLES ANDERS. ALS ICH
MEINE FRAU
KENNENLERNTE - WAR SIE
EINE SCHWER CHRONISCHE
ASTHMAKRANKE.
INNERHALB VON 4 - WOCHEN
WAR IHR ASTHMA BIS HEUTE
AUF EINMAL WEG. BEI DER
LEBENSHILFE, BEI DER ICH
EINMAL ARBEITETE WURDEN

DIE MENSCHEN „PLÖTZLICH" GESUND, AUCH MEINE EIGENE NETZHÄUTE, IN BEIDEN WAREN LÖSCHER VON DER GRÖSSE EINES DURCHSCHNITTLICHEN KLEINEN FINGERS, HABE ICH SELBST REPARIERT ETC..

DER US PRÄSIDENT SCHREIBT MICH PERSÖNLICH AN UND BITTET MICH UM HILFE, (ER KANN MICH VERSTEHEN!), SEINE FRAU HATTE MICH AUCH ANGESCHRIEBEN.

ES SIND SEHR INTERESSANTE DINGE PASSIERT - ICH KANN UND WILL DAZU Z. ZEIT NUR SAGEN: DIE BIBEL WURDE ZU ENDE GESCHRIEBEN, MACHEN SIE EINMAL

GEDANKEN DARÜBER UND
ERINNERN SIE SICH ALLE
MAL AN VOR 1986!

Rezension zu „Wir Kinder dieser Erde" von Dirk L. Feiler

Von Studis an deiner Hochschule

• MODELLPSYCHOSE OMEGA I

Im OSIR (Office of Scientific Investigations and Research) bemühen sich Wissenschaftler um die objektive Aufklärung scheinbar unerklärlicher Phänomene, Paranormalitäten und übernatürlicher

Geschehnisse. Manchmal gelingt diese Aufklärung, doch manches bleibt selbst den Wissenschaftlern vorerst verborgen.

Ein Mann auf dem Weg zum Spiritismus. Zufällig gerät

Dirk /alias Dark Feller an einen spiritistischen Zeitgenossen, der sein Leben grundlegend verändern sollte. Ein sehr hohes Wesen aus der Geisterwelt nahm Besitz (in Bestimmten-Kreisen behauptet man, es sei Christus oder der Teufel selbst gewesen), belehrt als ein Medium über die Gesetze, denen

PARANORMALE PHÄNOMENE UNTERLIEGEN, SOWIE ÜBER DIE IRRTÜMER UND

FEHLINTERPRETATIONEN DER HEUTIGEN CHRISTLICHEN LEHRE WIRD FEILER VON „STIMMEN" AUFGEKLÄRT. ER BESCHREIBT DEN ENGELSTURZ, DEN GÖTTLICHEN ERLÖSUNGSPLAN, DIE WIRKUNGSWEISE DER FRÜHEN PROPHETEN, DIE ERLÖSUNGSTAT CHRISTI. EINE MODERNE GOTTESERFAHRUNG. DAS BUCH HAT MIR GUT GEFALLEN (ALLERDINGS HATTE ICH VORHER NOCH KEIN ANDERES FEILER-BUCH GELESEN). DAS THEMA (SÜNDEN, DÄMONEN, UNSTERBLICHKEIT,

PSYCHOSEN) WAR UNAUFDRINGLICH UND GUT IN DER GESCHICHTE PLATZIERT, DIE BEZIEHUNG ZWISCHEN DEN HAUPTPERSONEN SCHÖN ERZÄHLT UND DAS MASS AN SEX FÜR DAS GENRE OK < (IM ZWEITEN BUCH: THE FOG IN EXIST OF NOTHING).

EIN GUTES FALLBEISPIEL UM IM FACH PSYCHOLOGIE ZU ANALYSIEREN, IM ÜBRIGEN IST DAS BUCH VON NAMHAFTEN, Z.B. DR. JOSEF BÄUML, GEISTESWISSENSCHAFTLERN, KRITISIERT WORDEN. ALLE ANMERKUNGEN BEFINDEN SICH IM BUCH. FÜR DIE UNI GEEIGNET!

OERB